Vente
Paul Ranson

Me LAIR-DUBREUIL
maître Commissaire priseur

MM. BERNHEIM JEUNE
Experts près la Cour d'Appel

Vente

PASTELS
PEINTURES

CARTONS

TAPISSERIES

dont la Vente aux enchères publiques aura lieu à Paris

7

le lundi 7 Juin 1909 à 2 h. 1/2.

<table>
<tr><td>COMMISSAIRE-PRISEUR :
Me LAIR-DUBREUIL
6, rue Favart, 6
PARIS</td><td>EXPERTS :
MM. BERNHEIM JEUNE
Experts près la Cour d'Appel
25, boulevard de la Madeleine ;
15, r. Richepanse ; 38, av. de l'Opéra</td></tr>
</table>

EXPOSITIONS PUBLIQUES

1º A LA GALERIE BERNHEIM JEUNE, *15, rue Richepanse,*
les vendredi et samedi, 4 et 5 juin, de 10 à 6 h. ;

2º HÔTEL DROUOT, *le dimanche, 6 juin, de 1 h. 1/2 à 5 h. 1/2.*

Conditions de la Vente

Elle sera faite au comptant.

*Les adjudicataires paieront 10 p. o/o
en sus des enchères.*

Paul Ranson

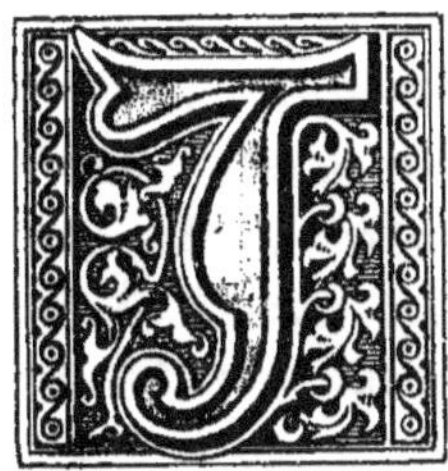

'AI beaucoup connu Paul Ranson et je l'ai beaucoup aimé. Jamais artiste n'a mis au service de son art une âme plus délicate et des dons plus ingénieux de créateur. Mais les créateurs, en art, sont de deux sortes, ceux qui satisfont le goût public, et ceux qui le devancent. De ces deux catégories, l'une obtient le succès immédiat, l'autre ne l'obtient que sur le tard, ou l'artiste une fois disparu. En travaillant comme il l'a fait, pour l'avenir, Ranson savait à merveille que la récompense, pour lui, serait lointaine. Il est mort sans l'avoir connue. Il est vrai qu'il est mort bien jeune. Je serais heureux que ces quelques lignes attirassent sur lui l'attention en le faisant mieux connaître et en jetant quelque lumière sur son œuvre.

Ranson appartenait au petit groupe de jeunes qui exposèrent, de 1892 à 1896, leurs travaux chez Le Barc de

Bouteville, rue Le Peletier. Dans le nombre on comptait Edouard Vuillard, Maurice Denis, K.-X. Roussel, Pierre Bonnard. On sait quelle faveur s'attache aujourd'hui, justement, à ces artistes également personnels et si heureusement doués. Le rêve que jadis ils formaient, ils l'ont réalisé amplement. Ranson eût aussi réalisé le sien, s'il n'eût été indispensable, dans le genre qu'il avait adopté, de joindre l'instinct commercial à l'instinct artistique, et l'instinct commercial lui manquait.

Son tempérament le portait, en effet, non vers la peinture de tableaux, mais vers une forme d'art toute spéciale, et objective autant que décorative. Dans le travail du tableau, l'analyse domine. Ranson avait un besoin inné de synthèse. La nature ne l'intéressait pas pour elle-même. Il ne voyait en elle qu'un réservoir, précieux à coup sûr, de motifs où il puisait les matériaux de son art, mais ces matériaux ne lui paraissaient ni assez choisis, ni assez purs pour mériter d'être littéralement reproduits et portraiturés fidèlement. Il les réduisait à leurs éléments essentiels, il les dépouillait de toute particularité et de toute vie avant de les plier à son rêve. Il ne leur demandait, en un mot, que des indications qui lui permissent de réaliser plus sûrement les arabesques élégantes et neuves et les combinaisons harmonieuses de lignes qui constituaient pour lui l'idéal du nu féminin.

Aussi traduisit-il cet idéal en teintes plates.

Il encadrait, il est vrai, ses travaux, comme le font d'habitude les peintres, dans des moulures de bois, mais c'était évidemment faute de mieux. Ce n'est pas dans des cadres de bois, et à l'état isolé, que ces délicates études de formes eussent dû se présenter : C'est sous forme de frises continues, et les habiles qui ont exploité les idées de Ranson ne s'y sont pas trompés. Ils ont vendu à des fabricants de papiers peints les compositions qu'ils exécutaient d'après lui ou dans un sentiment analogue et, tandis que l'inventeur, à l'écart, s'ingéniait à créer toujours du nouveau, les pasticheurs, avec une sérénité admirable, adaptaient industriellement ses trouvailles et en tiraient de copieux bénéfices.

Ranson se rendit-il compte, à la longue, qu'il ne travaillait que pour les autres ? La chose est assez vraisemblable. On le vit, après un essai nouveau, et charmant, d'illustration du livre suivant une esthétique plus moderne, se donner au carton de tapisserie. Les huit ou dix panneaux qu'il exposa tour à tour, et où la figure se mariait de la façon la plus harmonieuse à des fonds de verdures automnales, eurent assez de succès pour le décider à monter un atelier où l'on reproduisit en tapisserie ses cartons. Mais l'atelier comportait des frais de fabrication très élevés et les amateurs en trouvèrent les produits trop coûteux. Ranson, découragé, renonça, et, comme il fallait vivre, il ouvrit, de concert avec ses amis, un atelier d'élèves qui l'accapara tout entier, mais qui réussit à merveille et lui assura ainsi le nécessaire.

L'artiste ne pouvait plus, désormais, se livrer à des travaux de longue haleine. Il lui était interdit de poursuivre son rêve décoratif. Résigné, il l'abandonna et ne reprit en mains ses pinceaux que pendant les mois d'été, à l'heure des vacances annuelles. Et ce furent des études de fleurs, des sous-bois, des études analytiques et patientes, étrangement personnelles, d'arbres aux silhouettes tourmentées, aux capricieuses ramures, aux frondaisons touffues que le soleil éclaircissait par places et trouait de percées lumineuses. Il mit là une volonté de dessin, une conscience qui font de certaines de ces œuvres, celles qu'il exécuta les dernières, des morceaux de haut goût. Le public les eût appréciées. Il ne prononcera son jugement que sur une tombe.

THIÉBAULT-SISSON.

$\mathcal{P}$ a s t e l s

De 1 à 13. Fleurs.

De 14 à 38. Paysages.

39. Les crapauds.

40. La tentation.

41. La forêt.

42. Causerie près d'une fontaine.

43. Le réveil.

44. Femme se chaussant.

45. La malade.

46. Le chemin mystérieux.

47. L'attente.

Peintures à l'huile

48.   Fleurs.

49.   Paysage.

50.   La sorcière.

51.   Baigneuses.

52.   Printemps (carton).

53.   La mare.

54.   Paysage.

Peintures à l'encaustique

Cartons

61. Tigre.

62. Enfants.

63. Femmes se coiffant.

64. Frise.

Cartons de tapisserie peints à la colle

65. La récolte.

66. Les digitales.

Tapisseries

Tableaux
d'Artistes divers

DENIS (MAURICE)

71. *Portrait (peinture).*
72. *Panneau décoratif (peinture).*

SÉRUSIER

73. *La Carrière (peinture).*
74. *Rue de Village (peinture).*

ROUSSEL (K.-X.)

75. *Paysage (pastel).*

VUILLARD (ÉD.)

76. *Coin d'atelier (peinture).*
77. *Gravure en couleurs
(gouachée par l'auteur).*

BONNARD (PIERRE)

78. *Gravure en couleurs
(gouachée par l'auteur).*

MODERNE
IMPRIMERIE
v, rue Abel-Hovelacque, Paris-13e